ESTA HIRIENTE LUZ

ESTA HIRIENTE LUZ

David Conde Vitalla

PRENSAS DE LA UNIVERSIDAD DE ZARAGOZA

© David Conde Vitalla
© De la presente edición, Prensas de la Universidad de Zaragoza (Vicerrectorado de Cultura y Proyección Social)
1.ª edición, 2025

Colección La Gruta de las Palabras, n.º 132
Director de la colección: Fernando Sanmartín

Ilustración de la cubierta: Jesús Cisneros

Prensas de la Universidad de Zaragoza. Edificio de Ciencias Geológicas, c/ Pedro Cerbuna, 12. 50009 Zaragoza, España. Tel.: 976 761 330
puz@unizar.es   http://puz.unizar.es

 Esta editorial es miembro de la UNE, lo que garantiza la difusión y comercialización de sus publicaciones a nivel nacional e internacional.

ISBN 979-13-87705-25-1

Impreso en España
Imprime: Servicio de Publicaciones. Universidad de Zaragoza

Depósito Legal: Z 580-2025

I

OSARIO

Un hombre ha muerto, pero
dime que soy verdad,
que estoy en pie, que es cierto
el aire, que no puedo morir.
José Ángel VALENTE

I

En esta ceremonia de caminos
que se postran un instante frente al templo,
un miedo acerca lo desconocido.

La vida es un cuerpo
que todavía ignora
el verdadero tacto de la tierra.

Nada sabemos seguro del abandono.

Habitarás la sombra
como uno más
en este osario.

II

Hay escasez de gestos
en esta oscuridad de piedra
y un hambre atroz.

Quién se resiste
a la posibilidad
de un cielo más cercano.

Los besos ya han desaparecido.

III

Si perdemos a los dioses
en un cielo yermo;
si negamos el sentido
de un lugar en lo profundo;
si entendemos que la sed
solo reside en la carne;

¿dónde refugiarnos
cuando venga el incendio
a convertir nuestros cuerpos en olvido?

¿En la inocencia de creer
haber vivido una verdad?
¿En el consuelo
de saber que todo acaba?

IV

Ha sido ocupado el vacío,

aquello que no se puede percibir se desvanece.

Son los pájaros quienes, de nuevo,
traen la luz a tu nombre.

La presencia resiste
en forma de palabra.

V

Hemos dejado a la deriva
demasiadas huellas sin abrazos
y me acordé de la infancia.

VI

Nuestro destierro precede
a todo evangelio fundado con sangre.

Quién se preocupa por los muertos
en la huida.
Quién se preocupa por los muertos
en esta tradición de sepulturas.

VII

La ciudad de las creencias
aguarda atardeceres
allí donde vayamos.

Una quietud de cicatrices
se extiende en el sueño.
Qué lento conversar
entre el presagio y la penumbra.

Solamente la flor
niega lo desconocido.

VIII

Esta mudez reconoce
la frágil sepultura de la hierba.

En su garganta
se derrumba el lenguaje,
la tímida sentencia de los ciegos:

el cielo luce diferente.

IX

Miedo a bautizarse
con una tierra
que no reconocemos.

Decepción con la verdad
del eterno anochecer
sin privilegios.

Tristeza por una memoria
que pasará hambre.

La suerte nunca nos acompañó.

X

Regresas del instante
para poblar de nuevo
la inmensidad.

Ese es el pacto
con lo profundo.

XI

No hay expresión para la noche.
Tus pies entrelazan espacios desaparecidos
para quedarse desnudos.
¿Qué se refleja en la madera?

Nada importa ya,
no hay expresión para la noche.

XII

Una vieja canción,
cercana a la herrumbre,
vuelve con cada grieta de la piel
y no hay revolución
que asalte el hábito.

Permanece en el espacio blanco
y aguarda la respiración de los rituales.

Una vieja canción,
cercana al éxodo,
invoca nuestras debilidades
y revela
la naturaleza del sonido.

Alguien arrancó los huesos de la sombra
y escuchó la canción de los flautistas.

XIII

Un sol trágico
evita reflejarse en la ceniza
y pide nuevamente
no quedarse solo.

XIV

Que sea nómada la sangre y alcance lejanías
que hagan crecer la sed y encadene los huesos
que huyen del antiguo tejido y anhelan aquel trazo
del alba que ofrece un lugar donde ocultarse
de las deudas
del vacío
de la muerte.

XV

Se refugia la mirada
en la profunda sombra de la piedra.
Persigue un horizonte dormido
que hace temblar
la débil escisión de las edades.

Escucha la soledad del rocío
entre las flores.

XVI

Ahora
la piel desea
la salvación de sus renuncias.

Han alzado el vuelo
los últimos reflejos de la tarde.

XVII

Alguna vez
hay que mirar
qué dice el miedo
ante un bosque sin sonido.

¿La escarcha duerme con creencias?

XVIII

No hay secretos,
esta es la palabra que buscas,

regresa.

Si algún día me desnudan,
me encontrarán con las manos
cubiertas de fracasos.

No hay secretos aquí,
en este espacio,
solo un cuerpo,
lo que de él queda,

la palabra

regresa.

XIX

Alguien hunde sus manos en la tierra
y tiembla.

Ninguna fe conoce la profundidad.

XX

La derrota ha sido
no creer en los sueños de la infancia.

La derrota ha sido
entonar lamentaciones hacia un dios.

La derrota ha sido
no sentir más la alegría.

II

NUESTRA TRISTEZA

Tiene alas blancas lo invisible
y suplanta a la nada.
Clara JANÉS

… oí preguntar a un niño: *¿Por qué?*
y no pude contestar.
Vladimir HOLAN

I

Hace tiempo que se alzan las miradas
para estar así más cerca de la noche.

Sin embargo, no hay camino para hallar lo intransitable
y buscas la lengua enterrada,
la huella del último grito,
porque es posible su desaparición.

Un paso más allá,
el dolor se llena de vacíos:
la muerte requiere alejarse.

Sin embargo, nuestro deseo resiste
porque es posible su desaparición
y niega el silencio
y ahonda en la sangre
y extiende la ruina.

II

La luz y la palabra se aproximan
para tener conciencia de una pérdida.

Es necesario el silencio,
desde este origen.
Es aquí
el leve deslizarse hacia una nueva senda.

Llega la muerte,
una especie de muerte
—no hay diferencia en las desapariciones—
y queda solamente la oscuridad que se prolonga,
la visión desconocida, el punto más lejano.

«Más despacio», anuncia una voz, el agua indómita.
«Hemos vuelto, como siempre,
para no olvidar nuestra mirada».
Pero la sangre ya no despierta
y las ilusiones se van difuminando.

Nos ampara en el cielo
un número impreciso de memorias.
Allá en el horizonte,
los pájaros escapan de una posibilidad.
En su vuelo dicen todavía.

Es necesario aceptar la pérdida,
desde esta tierra.
No hay sombra para las ausencias
ni lugar que resista los vacíos.

La noche se aloja en mis ojos,
una especie de muerte.

Es aquí
el leve deslizarse hacia el abismo.

III

Se extiende la ciudad sin ruido
y nadie permanece aquí
junto a los gritos de los huérfanos.

Se quiebra la luz
en el agua que deshace la carne,
en el frágil habitar de las heridas.

Se extiende la ciudad sin himnos
y nadie traza en sus muros
el dolor que despierta.

Se quiebra una voz
en la distancia,
entre las ruinas.

IV

Un dios ha devorado la caricia,
un dios, esta hiriente luz, alguien.
Así fue quebrada
la piel interminable del deseo,
el cuerpo deslizado hacia una boca.

Se pobló de raíces el rito compartido
y un dios alzó su rostro y deshizo tu nombre.

Qué sucesión de flores
abrazará a la palabra en su hendidura.

Un dios ha desnudado
la herrumbre de los huesos.
Alguien reconoce el abandono,
esta hiriente luz,
esta herida permanencia.

V

Una ceremonia desconocida
habitará el vacío que ahora queda
en esta tierra de renuncias y distancias.

Las golondrinas vuelven con sus nidos de horizonte.

Una ceremonia desconocida
permanecerá fragmentada por la respiración
y los surcos
y un tangible cansancio de cenizas.

Las raíces hieren de caminos el silencio.

Una ceremonia desconocida
cuando cese la palabra
desaparecerá
como los muertos.

Qué canto resiste al extravío.

VI

Existe un lugar
donde pronuncias
lo que ha quedado del instante,
pero nadie escucha la palabra.

Existe un lugar
donde arde
la sequedad del costado y sus renuncias,
pero nadie guarda la ceniza.

Existe un lugar
donde la luz, la sangre, el miedo
ceden ante el secreto abismo de la muerte,
pero nadie mira los cuerpos.

El hogar nace en la memoria.

Alguien susurra
aquella fe de signos imprecisos,

nuestra tristeza.

VII

Un beso
en lo lejano tiembla,
cede su húmeda brizna.

La voz
se aferra a esta invisible garganta.

Mis ojos,
una sola vez mis ojos,
se duermen.

La idea de la muerte desaparece
ante la muerte.

Este exilio
ya no pertenece a nadie.

VIII

Este camino
que en la flor se detiene
cuida tu nombre.

Ya fue la última palabra;
ahora solo
el amanecer que vuelve.

IX

Aquí quedan grabados los años
                    —*mil novecientos veintisiete*—
porque desaparecerán en la piedra
                    —*mil novecientos treinta y dos*—
cuando las flores se sequen
                    —*mil novecientos treinta y cinco*—
y ya sabes que mi memoria es pobre
                    —*mil novecientos treinta y siete*—.

Un cuerpo habla de edades
cuando acaricia la quietud de la tierra
y se desnuda.

Qué arrepentimiento duerme ya
entre los difuntos.

Aquí quedan grabados los meses
                    —*diciembre*—
porque no habrá retorno
                    —*junio*—

a aquella nieve, a aquellas lluvias,

—abril—

ni a aquel sol de primavera

—marzo—.

Un cuerpo habla de edades
cuando la piel cede
a la humedad de los descensos, de lo lejano,
donde no queda hogar
que recubra la sangre devorada.

Qué debilidad anuncia el signo
en los enfermos.

Aquí quedan grabados los días,

—ocho—

la sucesión de sacrificios,

—veinticinco—

la cercanía de la lágrima,

—seis—

el último trozo de pan

—veinte—.

Un cuerpo habla de edades
porque ansía deslizarse hacia la luz
de unos ojos que recuerden
el aire que alumbró todas sus voces,
pero carece de certezas de aquel país
de solitarios,
de lenguas en permanente vigilia,
de amantes que yacen sin un beso,
de rostros desconocidos que asumen el abandono.

Qué resurrección convierte en vacío
los espacios.

Aquí quedan grabados sus nombres, solamente sus
[nombres,
ningún otro límite,
aquel deshabitado lenguaje
que muere en la mirada y busca su eco en las sombras.

—*Antonio*—   —*Carmen*—   —*Francisco*—   —*Eugenia*—.

X

el límite la silueta el vértigo

de un muerto

la mentira el aire las venas

de un muerto

el cielo la tentación el suave humo

de un muerto

la rabia el laberinto la duda

el sendero la saliva el hijo

la llave el roce la mirada

de un muerto

el bosque la rendición el sonido

de un muerto

la idea el cálido hilo la enfermedad

de un muerto

el miedo la decisión el posible nunca

la huida el resplandor la última palabra

la abnegación el reposo las horas el cayado la
lejanía el temporal las renuncias el aislamiento
la ofrenda los vestigios la herida el desconcierto
las conversaciones los estandartes la vergüenza el
lamento la muerte

                              la última palabra

La casa de la infancia ya no existe.
No quedará nada de una vida,
solo el silencio de un muerto
y su regreso
hasta el encuentro o el desgarro.

III

ESTA ESCRITURA

... y ahora que ves a Dios
reconoces en ti mismo
la flor de su lengua.
Alda MERINI

I

Un vuelo de oropéndola
devora con quietud
estas heridas.

Sabemos que es frágil el silencio
si se pronuncia tu nombre.

Desde aquí, en otra parte,
nos despedimos,

tu voz desaparece.

II

Nada puedo contar,
pues nada ha sucedido.

¿Qué es lo que produce este dolor?,

¿la insalvable distancia,

la escasez de caricias y lenguaje?

La luz continúa en el vacío.

III

Has rozado la presencia de unos pasos
para vivir de un susurro impreciso.

¿Cómo se quiebra
        la palabra?:

                debes ahondar en el cuerpo,

                desangrar el deshabitado
                ya se ha ido.

IV

Me arrodillé
ante una losa
para entender el silencio.

La sed de los muertos
se ha conservado
en las ciudades.

Tu boca elude mi nombre
y su herida,
ya no hay deseos.

Tus ojos no buscan los míos,
ni el color de las flores
que te traje,
ya no hay deseos.

V

Este ritual
de huesos y memoria
no entiende de miserias.

Si yo te rezo
y mantengo intacta
la hendidura de tu nombre

por qué
no escuchas mis palabras.

VI

Quise la revelación
y aquí estoy.

El cuerpo, la última máscara,
desaparece.

El mito se despierta.

VII

Un susurro puebla tu hambrienta mirada:
pienso en ti.
Y deseas, en la intimidad,
otro regreso.

VIII

Yo soy el cielo que yace,
la íntima derrota de los dioses,
la devoción de unos ojos
y su frío.

Yo soy esta presencia de silencio
que se funde con los trazos
en la piedra
y permanece.

Hasta cuándo.

IX

Nada puede decir
esta garganta descalza:

un himno sordo,
el dios que desaparece.

X

Se propaga
          en cadena
                    la caída,
la propia voz asume su jaula.

Unos ojos se desnudan y no me reconocen.

El único absoluto es la tierra.

XI

Arráncame la piel que me retiene
bajo esta desnudez sin diferencias
porque ya no deseo
reflejar una memoria.
Bendice la miseria de mi carne una única vez
cuando el hogar se humedezca ante un nuevo vacío.
Deshazte de la espera,
evita susurrar por una sangre que no se reconoce.

No reces por mí
porque ya no deseo demorarme.

XII

He soñado con tus ojos donde ya nadie duerme.
Tan solo una voz
regresa a la noche.

XIII

Esta escritura,
esta vieja semilla
    que sostiene una plegaria,
esta tregua posible
    que se rinde a la sed.

Esta escritura,
    una grieta,
    un río de pájaros,
    un paso que jamás permanece.

Esta escritura
    dormida,
    hubo una vez,
    dormida,
    que pronunció:

        Alguien vendrá y recogerá estas manos frías.

Bajaremos la frente,
solos, a media calle, a escuchar un eco
encerrado en la sangre. Y ese eco nunca vibrará.
Levantaremos los ojos, miraremos la calle.

Cesare PAVESE

Inventa la memoria otro presente.

Octavio PAZ

EPÍLOGO

La herencia,
este dolor en mis ojos,
la imagen de una jaula,
el polvo y sus rituales.

La herencia,
esta mano que duele,
el caminar tranquilo de una despedida.

Vivir es hacer costumbre
de la pérdida,
una especie de muerte.

ÍNDICE

I
OSARIO

Este libro
se terminó de imprimir
en los talleres del Servicio de Publicaciones
de la Universidad de Zaragoza
en abril de 2025

TÍTULOS DE LA GRUTA DE LAS PALABRAS

1 Manuel M. Forega, *Cuerpo de la edad (1981-1985)* (1985).
2 Emilio Gastón Sanz, *Musas enloquecidas* (1987).
3 Julio Alejandro de Castro, *Singladura* (1988).
4 José Antonio Labordeta, *Diario de náufrago* (1988).
5 Javier Delgado, *El peso del humo. (Libro de Horas Profanas)* (1988).
6 Jose Antonio Rey del Corral, *Poemas del sentido* (1988).
7 Javier Barreiro, *Dientes en un cofre* (1988).
8 Manuel Estevan, *Diario del frío* (1988).
9 Manuel Vilas, *Osario de los tristes* (1988).
10 Alfredo Saldaña, *Fragmentos para una arquitectura de las ruinas* (1989).
11 Mariano Esquillor, *Elegías a Fuensanta* (1989).
12 Antonio Ansón Anadón, *Memoria del Limo* (1989).
13 Rosendo Tello Aína, *Las estancias del Sol* (1990).
14 Ángel Petisme, *Habitación salvaje* (1990).
15 Miguel Luesma Castán, *Crónicas del abismo (1988-1989)* (1990).
16 Ana María Navales, *Los espejos de la palabra. (Antología personal)* (1991).
17 Antonio Fernández Molina, *El cuello cercenado. Antología poética* (1991).
18 Fernando Ferreró, *Falacia* (1992).
19 Luis Moliner, *Bethel y Música* (1992).
20 Manuel M. Forega, *He roto el mar (1980-1990)* (1993).
21 Alberto Montaner Frutos, *Teatro de delicias* (1993).
22 Teresa Agustín, *Cartas para una mujer* (1993).
23 Fernando Sanmartín, *Manual de supervivencia. (Consejos inútiles)* (1993).
24 Joaquín Carbonell Martí, *Laderas de ternero* (1994).
25 Enrique Gutiérrez, *Un país sin nadie* (1994).
26 Rolando Mix Toro, *El espejo y tú* (1994).